RECUEIL

DE

QUELQUES MEMOIRES

SERVANS

D'INSTRUCTION

Pour l'Etablissement

DE L'ISLE D'EDEN

A AMSTERDAM,

Chez HENRY DESBORDES, dans
le Kalver-Straat, prés le Dam.

M. DC. LXXXIX.

Les Etats des Provinces
Vnies ayant cedé en fief
l'Isle d'Eden a mr. le Marq.
Henri Duquesne, Il fut
l'auteur de ces Memoires
et fit a l'occasion de cette
entreprise plus de 100 M £
de despences. Tout etoit
presque prêt pour l'embarquement lorsque les Etats
revoquerent la donation
et firent ainsi echouer
le projet, au grand preju
dice de Mr. Duquesne

AVERTISSEMENT.

DEpuis la difperfion des Ré-
formez de France & de
ceux des Valées de Piedmont,
on n'a parlé que de Colonies &
de Nouveaux Etabliffemens :
Plufieurs en ont fait des pro-
jets fuïvant leurs inclinations &
leurs genies, & il s'en eft
commencé quelques-uns dans
les Etats Proteftans d'Allema-
gne, dans quelques Provinces
de l'Amerique, au Cap de
Bonne Efpérance, & ailleurs;
Ce qui femble devoir fuffire,
& qu'il eft inutile de propofer
rien de nouveau fur ce fujet,

A 2

néan-

néanmoins comme il est certain que la plûpart des hommes sont d'un goût différent, &
que ce qui plaît aux uns dé-
plaît quelquefois aux autres,
on a crû que celuy-cy ne dé-
plairoit peut-être pas, à ceux
qui n'ont pas trouvé les autres
à leur gré, quand il n'y auroit
que l'agrément, qui s'y rencontre, de vivre parmi des gens
d'une même Langue, d'une même Nation & d'une même Religion, & dont les humeurs par
conséquent seront moins incom-
patibles, qu'entre ceux qui sont
nez dans différens Païs, & sous
diverses Coûtumes, ce qui est
presque toûjours une source de
divisions, de querelles, & de
plusieurs autres inconveniens.

On

On pourra peut-être oppofer à ceci, qu'il eft hors de faifon, de penfer à des Etabliffemens éloignez, dans le temps que toutes les efpérances fe renouvellent d'un prompt retour dans la Patrie, & il eft vray que l'heureux changement, qui eft arrivé en Angleterre, flatte agréablement plufieurs de cette penfée : On répond à cela que l'on fouhaite autant & plus que qui que ce foit, que Dieu opére efficacement en France, pour la delivrance de fon Eglife comme il a fait en Angleterre; car outre la gloire de Dieu & l'intérêt général, ceux qui veulent bien s'éloigner de leur Patrie en cette occafion y laiffent affez dequoi leur faire fouhaiter un fi heureux éve-

ne-

nement ; il eſt certain même que dans le temps que ce projet a été commencé, on avoit lieu de craindre une perſécution genera-le dans toute l'Europe, bien plû-tôt qu'une delivrance prochaine de l'Egliſe ; & c'eſt un des motifs le plus preſſant qui ait engagé à cette entrepriſe, ſans lequel on n'y auroit peut-être jamais penſé. Mais quoi que graces à Dieu, les choſes ſoient preſentement dans une autre diſpoſition, on ne laiſſe pas de perſiſter toûjours dans le même deſſein, ayant reconnu, par un ſerieux examen de la cho-ſe, que tout bien conſideré, il n'y a peut-être point, en quelque lieu que ce ſoit, un Etat ſi heureux que celuy où l'on eſpere d'être, ſi Dieu benit cette entrepriſe ;

De

De plus, le retour en France n'eſt pas encore tout à fait certain ; & même il eſt hors d'apparence que l'on puiſſe jamais y être dans une entiére ſûreté, à moins que Dieu, par un miracle, ne convertiſſe tout le Royaume, l'experience nous apprenant, que tant que nôtre Religion n'eſt que tolerée, & non pas dominante, cette tolérance ne dure qu'autant que l'on n'eſt point en état de s'y oppoſer. Mais quand même les ſouhaits & les vœux que nous faiſons pour cela ſeroient accomplis, encore qu'il fût libre, à ceux qui voudroient s'en revenir de le faire, quand ils jugeroient à propos, on doute néanmoins avec raiſon que perſonne ſongeàt à ſortir d'un lieu où tant d'agré-

 ments

ments se rencontrent, d'autant
plus que l'éloignement ne pré-
judicieroit point à la part que
chacun a lieu d'esperer dans cette prosperité generale, & qu'on
en pourroit jouïr de loin comme de prés.

Au reste on doit être averti
que ces Memoires ont été faits
en differens tems, le premier n'a
été publié que comme un essai
aprés que le projet en fut conçû
par quelques Amis ; c'est pourquoi les termes en sont plus gé-
néraux, & selon que la chose a
eu du succés, on a parlé plus
positivement dans les Memoires suivans.

MEMOIRE

Contenant le premier Projet qui a été fait de cet Etabliſſement, où l'on verra en général le but qu'on s'eſt propoſé, & de quelle maniére on a deſſein de ſe gouverner.

NOus qui, par la grace de Dieu, ſommes échapez du naufrage, auquel une partie de l'Egliſe a été expoſée dans ces derniers témps, aprés nous être humblement proſternez devant l'Eternel nôtre Dieu, pour l'adorer & pour lui rendre graces d'un ſi grand bienfait, & aprés avoir imploré ſa miſericorde, pour la delivrance de ceux de nos Freres qui ſouftrent encore, & ſa divine protection, & ſon ſecours ſur l'entrepriſe que nous formons pour ſa gloire, pour le ſalut de nos ames, & pour le refuge des malheureux, Nous avons u-

A 5 na-

nanimement réfolu les chofes fui-
vantes, & jugé à propos d'en faire
part à ceux que nous eftimons devoir être dans les mêmes fentimens
que nous.

Confidérans le grand nombre de
Chrêtiéns difperfez dans le monde,
privez de leur Patrie dont ils ont
été chaffez, ou contraints de fortir,
la plûpart n'ayant emporté que leur
ame pour butin, malheureux, fu-
gitifs, & errants de contrée en
contrée, pour trouver quelque azyle entre leurs Freres, & quelque
fubfiftance par leur travail, ou par
des charitables fubventions, &
qu'enfin ce nombre augmentant tous
les jours, par la bonté de Dieu qui
a ouvert la porte aux prifonniers,
il eft à fouhaiter que ces pauvres
brebis éparfes, foient raffemblées en
un Troupeau, & dans quelque retraite affurée, pour y fervir & loüer
Dieu publiquement, qui par fa
grace, les a delivrez ; & afin encore que s'occupant à un travail legi-
time

time selon son Commandement, ils puissent manger leur pain avec joye, sans être à charge à leurs Fréres, mais plûtôt en secours aux affligez & en azyle aux misérables.

Dans cette vûë nous nous sommes unis, tant nous, à qui Dieu a fait la grace d'être en état de pouvoir subvenir à une partie des fraix de cette entreprise, que ceux ausquels il a mis au cœur de nous suivre pour coopérer en ce qui dépendra d'eux, à l'avancement de ce dessein.

Et comme l'Ordre est l'ame & le soûtien des Sociétez, & du Gouvernement des Peuples; & que nous ne pouvons plus conter sur l'amour & sur la protection de nos Princes naturels qui nous ont abandonnez, chassez & traitez comme Ennemis; Il nous est absolument nécessaire de choisir d'entre nous quelqu'un pour nous gouverner, & pour être Chef de nôtre Colonie; Pour cela, d'une commune voix, Nous avons élû   pour

pour être nôtre Chef & Conducteur de noftre République, dans l'efpérance que nous avons, que Dieu luy fera la grace de nous gouverner fagement & debonnairement, comme il eft convenable à un veritable Chrêtien avec toute Juftice & équité, confidérant les bons, puniffant les coupables, & faifant Juftice à tous fans diftinction de perfonne.

De plus, comme il eft impoffible à un feul homme de fupporter un fi grand poids ; & que même il eft dangereux que commettant à un feul l'autorité fuprême, il ne vienne enfin à en abufer ; Nous avons jugé à propos de choifir douze des plus fages & des plus avifez d'entre nous, & particuliérement de ceux qui ont le plus contribué à mettre en avant ce projet, & aufquels, après le fecours de Dieu, nous en avons la plus grande obligation, pour aider nôtre Chef dans le Gouvernement de la République.

Ces Douze compoferont un Senat,

nat, où se régleront les affaires les plus importantes, il s'assemblera par l'ordre du Chef, & luy servira de Conseil, auquel il déferera, quand la pluralité des Voix l'emportera, la sienne toutefois étant contée pour trois, car nous estimons que le Chef doit avoir quelques Prérogatives sur les autres, non seulement parce qu'il représente le Pouvoir Souverain ; mais encore parce qu'il est à présupposer, qu'ayant été élû pour cette Charge, on a reconnu en luy une capacité, & des lumiéres qui doivent donner plus de poids à ses sentimens.

C'est-là, en substance, la forme du Gouvernement que nous nous proposons d'observer, & nous espérons, avec l'aide de Dieu, que nous éviterons par là. (au moins autant qu'il se peut humainement,) la plûpart des inconveniens, qui se rencontrent dans les Monarchies, & dans les Républiques, sans vouloir blâmer cependant ni les unes, ni les

autres

autres; car nous ſçavons que les Puiſ-
ſances qui ſont en état ſont ordon-
nées de Dieu : mais nous croyons que
cette forme de gouverner prévien-
dra d'une part, les longueurs, les
indéterminations, les changemens
d'avis & l'inobſervation du ſecret ſi
domageables aux Républiques gou-
vernées par trop de Têtes ; & qu'elle
évitera, d'autre coſté, les ſuites fâ-
cheuſes du Pouvoir Souverain, qui
tombe quelquefois dans des excés
dangereux au Peuple qui luy eſt ſoû-
mis, lors qu'il eſt entre les mains d'un
ſeul homme : Ainſi nous établiſſons
un Chef pour être le premier Mobile
de ce Corps, dont l'autorité moderée
puiſſe maintenir le Peuple dans le
reſpect, & dans l'obſervation des
Loix, & ne puiſſe jamais néanmoins
luy permettre d'en abuſer.

Ce que nous diſons ici n'eſt que
pour donner une idée du Gouvernement, & comme un Abregé de nos
premiéres Loix, leſquelles on éten-
dra ſelon le prudent avis des Sages,

&

& le confentement general de nous tous, quand Dieu nous aura fait la Grace d'être raffemblez en un Corps dans la retraite que nous avons choifie, avec ceux de nos Freres qui voudront nous y accompagner.

Nous ne publions point encore le lieu où fe doit tranfporter cette Colonie, pour des raifons importantes, jufqu'à ce que le nombre des gens de bien que nous cherchons foit complet, mais comme ceux à qui nous nous confions, pour la conduite de cette affaire font gens fenfez, & connus dans le monde pour tels, & pour n'avoir que des intentions droites & fincéres; & que d'ailleurs, ils y employent des fommes affez confidérables, ceux qui voudront fe joindre à nous, doivent être perfuadez, que l'on n'a aucun deffein de les tromper, & que le but que l'on fe propofe eft de les delivrer de la mifére, & de tâcher de les rendre heureux, s'il eft poffible, en les menant dans un Païs, non feulement habitable, mais qui, de plus, est assez commode, fertile & agréable; & où ils pourront principalement travailler à leur salut avec joye & tranquillité.

L'on avoüe néanmoins, qu'il y aura d'abord quelques difficultez, parce que tous les commencemens n'en sont jamais exemts, en quelque sorte d'établissement que ce soit, mais l'on espére que l'on ne tardera pas à être récompensé largement des peines que l'on aura prises.

L'on ne prétend pas au reste cacher toûjours le lieu de cette bien-heureuse retraite, & l'on n'a pas dessein d'obliger ceux qui voudront être de cette partie à se laisser mener sans sçavoir où : comme on n'y veut que des gens raisonnables, aussi prétend-on les persuader par la raison, & nullement par une autorité à laquelle ils soient obligez de déférer aveuglément, c'est pourquoi la chose sera expliquée plus amplement quand il en sera temps, & l'on ne se propose presentement que de faire

con-

connoître l'intention où l'on eſt , afin
de convier par là, ceux de nos Freres Réfugiez, qui auront quelque in-
clination de venir avec nous,de ſe diſ-
poſer à le faire , lors que connoiſſant
la choſe plus exactement , ils y ſeront
entiérement déterminez; tout ce que
l'on demande d'eux à preſent , c'eſt
de témoigner en quel ſentiment ils
ſont à cet égard , ſans néanmoins que
cela les engage à aucune choſe.

Mais afin de leur donner par avance quelque idée de ce qui en eſt , on a
crû leur devoir dire, qu'il y a divers
endroits dans le Monde qui méritent d'être occupez, quoi qu'ils ne le
ſoient pas ; la pareſſe ou l'impuiſſan-
ce de quelques-uns & quelquefois le
peu de connoiſſance qu'ils en ont , é-
tant cauſe qu'ils ſont négligez ou a-
bandonnez , mais ſur tout le peu
d'eſpérance d'y amaſſer de grandes
richeſſes , car c'eſt le premier Mobile
de la plûpart des actions des hommes, qui ſont ſi rarement contens
de la médiocrité ; Mais pour nous
qui

qui n'avons point cette vûë, & qui ne cherchons que la douceur de la vie, & la tranquilité de la Confcience, nous efpérons de trouver la fatisfaction de nos defirs, où les autres n'ont pû affouvir leur ambition déréglée.

Nous ne marquons point ici tous nos réglemens, foit pour éviter la longueur, foit parce que nous attendons aussi, que noftre Corps foit complet, pour donner la derniére main à cet Ouvrage.

Sur quoy l'on doit être informé qu'il y a encore fix Places à occuper, dans noftre Confeil, afin que ceux qui auront intention de fe joindre à nous, & dont le merite diftingué pourra leur donner lieu d'y prétendre, penfent de bonne heure à fe déclarer.

Il y a auffi d'autres Emplois à donner; & ils feront diftribuez à ceux qui en feront jugez dignes, par rapport au merite, à la part que l'on fera en état de contribuer pour l'augmentation du fonds néceffaire à cette en-

tre-

treprife , & enfin, à ce que l'on fe
fera prefenté des premiers pour les
occuper.

Au refte l'on efpére que tous les
Princes Chrêtiens & particuliérement les Proteftans nous feront favo-
rables en cette occafion, ces derniers
feront foulagez par là, de quantité
de gens qui leur font à charge ; ne
prétendant pas les priver de ceux qui
leur feront neceffaires, & même nous
ne voulons rien faire fans leur parti-
cipation & leur aveu : quant aux
autres qui nous regardent comme
des objets d'averfion & de mépris,
ils doivent être bien aifes que nous
nous éloignions de leurs yeux , enfin
les uns & les autres, s'ils font tou-
chez de la Charité, qu'ils reconnoif-
fent tous pour la premiére des Ver-
tus Chrêtiennes ,ne fçauroient regar-
der de mauvais œil, le foulagement
des Malheureux.

Nous proteftons cependant que
nous ne gardons aucun reffentiment ,
contre ceux , qui par un zele qu'ils

ont

ont crû venir de Dieu, nous ont contrains de sortir de nostre Patrie, & que nous aurons une reconnoissance éternelle pour ceux qui nous ont si charitablement reçûs dans leur sein; que nous souhaitons de vivre en Paix, avec tous, & que nous sommes prêts de leur rendre tous les bons offices qui dépendront de nous, ainsi que nous l'espérons reciproquement d'eux.

ADDITION AU MEMOIRE
Précédent.

Qui contient une Description abregée de l'endroit où l'on veut aller.

DEpuis que nous avons fait sçavoir le dessein que nous avons de rassembler le plus qu'il nous sera possible de nos Freres exilez pour la Parole de Dieu, afin d'en composer une Colonie, & aller tous ensemble habiter un bon Pays, où l'on l'on puiſſe vivre en bons Chrêtiens, & y joüir de quelques douceurs pour la vie ; il n'y a pas un de ceux à qui nous l'avons communiqué, qui n'ait approuvé cette penſée, & même pluſieurs, animés d'un même courage, ſe ſont offerts trés volontiers de nous y accompagner ; mais quelques-uns ont ſouhaitté de ſçavoir l'état du Lieu où nous eſperons aller, ſon Climat, & les autres circonſtances qui peuvent convier ceux qui aiment leurs commoditez en ce Monde, à ſe déterminer entiérement là-deſſus. C'eſt ce qui nous a portez à en donner ici une idée générale, en attendant que l'expérience que nous en ferons bien-tôt, moiennant l'aide de Dieu, nous donne occaſion de ſatisfaire la curioſité de ceux qui veulent ſçavoir juſques aux moindres particularitez.

On ne doit pourtant pas s'attendre à une deſcription pompeuſe de quelque Pays abondant en Perles, & en Pierres précieuſes, ou de quelque

que Lac dont le Sable ne soit qu'Or, comme quelques-uns nous ont voulu faire croire qu'il y en avoit au Perou, il y en à peut-être, mais quand cela seroit ce n'est point par là qu'on prétend le vanter, on ne parlera que des véritez qui nous sont connuës & l'on n'y verra que de la simplicité, on n'y trouvera point dequoi satisfaire l'avarice, ni une ambition extraordinaire, mais on y trouvera de la solidité, & les choses nécessaires à la vie : on ne doit pas non plus s'attendre de trouver dans un Pays nouvellement habité, des Champs cultivez, des Vignes plantées, & les autres avantages qui se rencontrent dans un Païs habité depuis long-tems ; mais outre qu'on en trouvera d'autres, qui équivalent ceux-là, il semble qu'il nous doit suffire que toutes ces choses y soient en puissance, c'est-à-dire, que le Terrain & le Climat puissent permettre d'en espérer une agréable joüissance, aprés avoir pris les soins nécessaires pour la culture ;

Voi-

Voici en peu de mots ce qui en eſt.

Le Climat de ce Lieu eſt plus chaud que froid, il y a peu d'Hivers qui obligent à ſe chauffer, & il eſt à peu prés ſemblable à celui des Isles Canaries, que quelques-uns apellent Fortunées : l'Air y eſt trés bon, ce qu'on a remarqué par la promte guériſon des Malades que l'on y a quelquesfois débarqués, & par la bonne ſanté de ceux qui y ont fait quelque ſejour, il y a comme dans la plus-part des endroits du Monde, des Plaînes & des Montagnes, il y en a même quelques unes d'aſſez hautes, ce qui peut étre une des cauſes qu'il n'y fait pas ſi chaud que dans d'autres lieux ſituez ſous ʌe même dégré : il y a auſſi des Riviéres & des Lacs, mais peu conſidérables, ſi ce n'eſt par le Poiſſon qui y eſt aſſez abondant, & parce que l'eau en eſt trés bonne à boire ; il y a beaucoup de Forèts, comme dans tous les lieux inhabitez; & ceux qui les ont parcouruës diſent, qu'il y a des bois de toutes eſpéces,&

même

même de ceux qui font rares en Europe, comme des Cedres, de l'Ebene,
& d'autres femblables, enfin il eft certain qu'il y en a beaucoup de propre
pour la Charpente, & c'eft le principal ; il y a auffi beaucoup de fruit
que la Terre produit d'elle même,
comme des Ananas, des Banannes,
& des Palmiers de toutes fortes, des
Citroniers, & des Orangers doux &
aigres, plufieurs fortes de Figuiers,
& beaucoup d'autres qui ne font pas
connus en Europe, & qui font trés a-
gréables, & il eft hors de doute, que
puis que la Terre y produit ces chofes fans culture ; lors qu'elle fera cul-
tivée & que l'on y plantera des Fruits
de nôtre continent, ils y profiteront
tout au moins, auffi bien comme ils
font dans les lieux fituez fous le même Climat, il eft même à remarquer
qu'on y a planté de la Vigne & fe-
mé du Bled, qui y ont bien réuffi
l'un & l'autre, fans qu'on y ait ap-
porté beaucoup de precaution, ainfi on a tout lieu d'efpérer, que

la

la Terre n'y fera pas ingratte, & fi
on n'en dit pas davantage, c'eft
pour en promettre moins que l'on
en trouvera ; afin qu'on foit fur-
pris agreablement, il y a par def-
fus cela beaucoup de gibier de
toutes fortes, & beaucoup d'Animaux propres à la Nourriture de
l'homme, comme des Bœufs & des
Vaches, mais fur tout des Cochons
& des Chévres dont il y a abondance,
& que l'on prend fans peine, l'on n'a
pas remarqué, qu'il y eût des bêtes
fauvages, dont la rencontre fut dan-
gereufe, & l'on y peut chaffer avec
beaucoup de plaifir & fans apréhen-
fion. Il y a donc enfin du Poiffon de
la Viande, des Légumes, & des
Fruits, ainfi on peut dire que
l'on y trouve de tout ; Car le Blé &
la Vigne y venant bien, comme on
la remarqué, il y aura dans peu du
Pain & du Vin, cependant l'on en
portera Provifion, & on en fera venir d'ailleurs, pour n'en pas manquer,
jufqu'à ce que la Terre en fourniffe

B

fufsuffisamment , & en attendant il y a plusieurs choses qui peuvent être substituées au lieu de cela, car il y a beaucoup de Racines qui s'apprêtent en differentes maniéres , & du Mil, & du Ris, qui croissent dans les Païs Voisins, dont on peut avoir abondance pour peu de chose, ce qui dans la necessité, peut tenir lieu de Pain : & au lieu de Vin, dont on se peut bien passer quelque temps, puis que la plûpart des Turcs, s'en passent toute leur vie, & ne s'en portent pas plus mal, il y a du Vin de Palme, & du Vin de Miel, car il y a beaucoup d'Abeilles qui se nichent dans les Rochers, & dans les Arbres, il y croît même des Cannes de Sucre, dont on pourra tirer un grand usage , enfin il y a quantité d'autres petites douceurs qui seroient trop longues à déduire.

Il est peut-être à craindre que l'éloignement ne paroisse fâcheux à quelques-uns, & sur tout à ceux qui n'ont pas accoûtumé de conter la di-

stan-

ftance du chemin qu'ils font ordinairement par des milliers de 'ieuës :
mais ceux qui ont fait des voiages fur
mer pourront les raffurer à cet égard,
nous pouvons , même, en tirer cet a-
vantage , que plus nous ferons éloignez , moins l'on fongera à nous venir inquiéter, au moins la difficulté
en fera plus grande.

Nous efperons donc que cela ne
rebutera pas les bien intentionnez,
d'autant plus qu'ils doivent être perfuadez que nous prendrons toutes les
mefures , & toutes les précautions
néceffaires, pour parvenir à une heu-
reufe réüffite, & pour prévenir, autant qu'il fe peut humainement, tous
les inconveniens ; mais fur tout, ce
qui doit nous encourager à furmon-
ter les difficultez qui pourront fe
rencontrer, c'eft que nous devons ê-
tre certains que Dieu fera nôtre Conducteur, & nôtre Protecteur, principalement, fi nous fentons que nous
foyons pouffez d'un veritable zéle
pour fa gloire, & en effet nous pou-

vons être des inſtrumens en ſa main pour publier ſon Evangile parmi les Nations, & faire adorer ſon Nom par les Peuples, les plus reculez de la Terre, ſa bonté nous en faſſe la grace.

AUTRE MEMOIRE

Contenant une Inſtruction plus ample, de ce qui concerne l'Etabliſſement de l'Iſle d'Eden.

ON a déja fait connoître, par le premier Mémoire, le but qu'on s'eſt propoſé dans le projet de cet Etabliſſement, & l'on a pû remarquer, que l'ambition ni l'avarice n'y ont pas beaucoup de part : ainſi ce n'eſt point à ceux qui ſont poſſedez de ces deux paſſions que l'on s'adreſſe ; ce n'eſt point non plus à ceux qui ne cherchent que les faux plaiſirs, firs & les vains divertiffemens du Siécle; enfin ce n'eft point à ceux, qui pleins d'un efprit turbulent & inquiet, ne feroient propres qu'à apporter la difcorde, & à être un obftacle à l'union que nous fouhaitons fur toutes chofes d'entretenir parmi nous. Ces fortes de gens ne font point propres, à une entreprife comme celle-là, & ils n'ont pas befoin d'aller fi loin pour chercher ce qui leur convient; car ils le trouveront par tout, & le monde en general, eft fait pour eux.   Mais ceci s'adreffe aux veritables Réfugiez qui le font de bon cœur, & qui ne regrettent point les Oignons d'Egypte: car c'eft à eux que ce païs de Canaan eft refervé.

Ce n'eft pas qu'il n'y en ait un grand nombre de ceux-là, à qui cela ne convient pas; chacun a fes differentes vûës, & fçait ce qui lui eft propre: mais c'eft feulement afin que perfonne ne s'y trompe, & qu'on ne s'imagine pas que cela convienne au

li-

libertinage & à l'oifiveté: en effet rien ne luy eft plus oppofé; car icy chacun doit néceffairement s'empreffer d'employer utilement le talent que Dieu lui a donné, bien loin de l'enfoüir par la débauche & par la fainéantife.

Et comme ceux qui ont entrepris l'Etabliffement de cette Colonie font eux-mêmes Refugiez; & par confequent hors d'état de pouvoir foûtenir feuls la dépenfe néceffaire pour la réüffite de cette affaire: que d'ailleurs ils n'ont pas voulu étre à charge aux Puiffances qui leur ont accordé leur protection; & que cependant, ils ont particuliérement en vuë de recueillir ceux qui font deftituez de tous fecours: il faut encore que dans cette occafion chacun contribuë felon fes forces; que ceux qui ont dequoi tâchent de fubvenir à ceux qui n'ont rien, & que reciproquement ceux-ci contribuent par leur travail, ou par leur induftrie, à

l'al'avancement du bien commun ; afin que s'entre-aidant ainſi mutuellement, on puiſſe parvenir à un heureux Etabliſſement & joüir de toutes les douceurs qui ſe trouvent dans une Société compoſée d'honnêtes Gens, établie dans un lieu fertil & agréable, où régnent la ſanté, la liberté, la tranquilité de la conſçience, la juſtice, la charité & enfin, l'eſpérance du Salut, qui ſont les véritables biens qui méritent qu'on ſe donne quelques peines pour les acquérir, mais afin que dans tout cela on garde un certain ordre d'équité dont tout le monde puiſſe étre content. Voici de quelle maniére l'on a jugé à propos de régler la choſe.

Chaque perſonne au deſſus de 12 ans contribuera pour ſon paſſage & ſa nourriture pendant le voyage, cent livres monoye de France, qui font environ 82 Florins, & les enfans moins à proportion, excepté ceux de ſix ans & au deſſous qui ſeront francs, & quand il y aura quelques familles

B 4   char-

gées d'enfans & qui feront pauvres,
on y aura égard & on leur fera quelque gratification.

Ceux qui voudront étre mieux
que le commun, le pourront en con-
tribuant deux cens livres & encore
mieux, s'ils veulent contribuer jufques à trois cens; parce que l'on fera les provifions à proportion.

Ceux qui ne feront point en état de
faire cette contribution, feront néanmoins reçeus & on la leur avancera;
pourveu qu'ils foient gens de bien &
de travail : & ils feront redevables
aux particuliers qui leurs auront
fourni cette fomme, s'il s'en trouve
qui en veuillent faire les avances : fi-
non on la fournira des deniers publics : & pour le payement, ils feront
obligez envers ceux qui la leur auront avancée de donner deux cents
journées de leur travail ; en leur laif-
fant toute fois quelques jours par Se-
maines pour vaquer à leurs propres
affaires ; & quand ils fe feront ainfi
acquitez, ils pourront travailler pour

eux

eux mêmes ou pourqui bon leur semblera, toute fois il sera libre devant, que de partir, de faire telles autres conditions qu'on voudra, & elles seront ponctuellement executées.

Ceux qui ne seront pas gens de labeur & n'auront pas dequoi faire aussi les avances, mais auront bonne volonté & quelques talens, pour posseder des emplois, ou quelque industrie pour exercer des mêtiers utiles à la Colonie, seront aussi receus, & on leur avancera pareillement le passage & la Nourriture, avec les autres choses nécessaires pour travailler & s'employer, & ils rendront ces avances, lorsque par leur œconomie & par leurs soins ils seront en état de le faire.

On distribuera les Terres à ceux qui voudront contribuer d'avance pour en avoir, sur le pied de cinq livres l'arpent, franches, & exemptes à perpétuïté, de toutes Charges, mais elles seroient beaucoup plus cheres, si l'on attendoit que l'on fut

 ar-

arrivé ; parce qu'il est bien plus a-
vantageux, pour le Public, que
les Contributions se fassent d'ayan-
ce ; à cause des dépenses qu'on est
obligé de faire devant que de partir.

Et afin de faire les choses par ordre, & d'empêcher la confusion &
les disputes qui pourroient arriver,
dans la distribution des Terres. Il a
été jugé à propos de régler la chose
ainsi, c'est qu'à mesure que quelqu'un se presentera pour offrir des
Contributions, ayant d'ailleurs toutes les qualitez requises, il sera inscrit
sur un Registre tenu exprés pour cela afin de choisir dans le même rang
qu'il aura été couché sur le Rôle, &
comme il pourroit y avoir des personnes absentes qui n'auroient point
d'amis sur les lieux pour se presenter
pour eux, ils pourront écrire & adres-
ser leurs Lettres à M.ʳ *Edöuart
willed, sur le Cingle* à Amsterdam.
Cela aura la même force que s'ils y é-
toient eux-mêmes, & ils seront in-

scrits

fcrits du jour que leur lettre fera re- ceuë, pourvû qu'ils envoyent dans la quinzaine la fomme qu'ils auront offerte, foit en argent content ou lettre à veuë.

Ceux qui ne feront point en état de contribuer pour avoir des terres, mais qui feront gens capables de les faire valoir, foit en les prenant à fer- me ou autrement, feront néanmoins receus; & l'on pourra traitter avec eux à des conditions raifonnables & dont on conviendra.

Lors que quelqu'un aura des terres en propriété, à ferme ou autrement, & qu'il n'aura point de graines pour les enfemencer; on luy en fournira, à condition qu'il rende la dîme de la premiêre recolte feulement, fans que cela tire à conféquence pour la fuite ni pour les autres.

Il fera libre de contribuer ce que l'on voudra, & on en fera recompen- fé à proportion, dans la diftribution du païs.

Il fera libre encore d'employer en

 ter-

terre, telle partie qu'on voudra de fa contribution, il fera tenu un Regître exaɛt de ce qu'il y aura de furplus, & l'Etat en payera l'intérêt aux particuliers, fur le pied de cinq pour cent, jufques au rembourfement du principal, foit en argent, en denrées, ou en journées d'hommes, de la maniére qu'on en conviendra, felon le choix & la commodité de chacun.

Il fera libre aufſi à ceux qui ne voudront pas mettre tout leur argent dans le tréfor public, d'en employer une partie en marchandifes & denrées propres à l'ufage du païs où l'on va, foit pour les débiter dans l'Ifle même, ou pour les troquer dans les lieux compris dans l'oɛtroi que Meſſieurs les Direɛteurs de la Compagnie des Indes Orientales des Provinces Unies nous ont fait, mais il faudra payer le fret fuivant la pefanteur, ou le volume dont on embaraſſera le Vaiſſeau.

Chaque perfonne néanmoins poura porter avec foi une quantité raifon-

fonnable de hardes, fans que cela foit
conté.

Le voyage eft ordinairement de
trois ou quatre mois, on pouroit le
faire en tout temps; mais le plus commode eft au commencement du Prin-
temps, & fur la fin de l'Autonne.

L'embarquement fe fera en Hol-
lande, & il y aura fouvent des
commoditez pour cela, foit par des
Navires qui iront tout droit, ou
par ceux de Meffieurs de la Compagnie, fur lefquels on pourra aller
jufques au Cap de Bonne-Efpéran-
ce, comme nous en fommes conve-
nus par un Traité fait avec Méffieurs
les Directeurs; & y étans arrivez, on
y trouvera une perfonne qui y refide-
ra de nôtre part ; pour avoir foin de
ceux qui y viendront, & pour les faire embarquer enfuite dans un Vaif-
feau qui ira & viendra exprés pour
cela du Cap à l'Ifle d'Eden. Ceux
donc qui auront intention de venir
s'établir dans ladite Ifle, deyront fe
rendre à Amfterdam environ ce
tems-

là, & s'adreſſer audit Sr. *Willet*
qui recevra les contributions, in-
diquera cě qu'il y aura à faire &
payera pour ceux qui n'auront pas
dequoi; dont chacun apportera un
certificat, ſur lequel on ſe réglera
pour leur établiſſement dans l'Iſle.

Quand on ſera arrivé on êtablira
des Magaſins remplis de toutes les
choſes néceſſaires à la vie, des outils,
des uſtancilles, des graines & de tout
ce qui pourra étre utile au public; ce
que l'on diſtribuera à un prix raiſon-
nable & fixé.

On établira une maiſon d'hoſpita-
lité avec un revenu, pour entretenir
les pauvres, les malades & les infir-
mes, chacun dans des appartements
ſeparez, afin que s'il plaît à Dieu de
benir les ſoins qu'on prendra, perſonne ne ſouffre faute de ſecours.

On prendra auſſi un ſoin particulier des veuves & des orfélins; on fera valoir le bien de ceux qui en auront, s'ils ne ſont pas en âge ni en é-
tat de le faire & on fournira d'autres

moyens

moyens à ceux qui n'en auront point, pour les faire subsister honnêtement chacun selon sa qualité & sa capacité.

Sur tout on prendra soin des Filles, Demoiselles & autres qui se trouveront sans bien & sans proches parens chez qui elles puissent se retirer & il y aura un fonds & une maison destinez particuliérement pour elles, afin qu'elles y puissent vivre dans une honnête Société, en s'ocupant à des ouvrages convenables à leur qualité, jusques à ce qu'il y ait occasion à d'autres établissemens, soit en se mariant ou en prenant tel autre parti qu'elles aimeront le mieux : Et l'on aura aussi dés à présent le même soin de celles qui viendront, moyennant qu'elles soyent connuës & qu'elles ayent bon témoignage, & on les mettra pendant le voyage avec des personnes auprés de qui elles seront honnêtement.

Pour ce qui regarde les Charges & les Emplois, chacun y pourra parvenir

nir par son mérite & le talent qu'il aura pour être utile au public; car en toutes choses & particuliérement en cela, ce sera toûjours la premiére consideration que l'on fera: on aura toutesfois les égards raisonnables que l'on doit avoir, soit pour la naissance ou pour d'autres semblables considérations; pourveu néanmoins que cela aille toûjours au bien de la République, qui est le but principal qu'on se doit proposer.

Voici les Charges qu'on a jugé à propos d'établir jusques à présent, on expliquera dans la suite qu'elles sont leurs fonctions & l'étenduë de leur pouvoir: & pour le présent, on se contentera d'en donner ici la liste.

Le Chef, à qui on donnera tel tiltre qui conviendra dans la suite.
Douze Conseillers ou Senateurs.
Un Capitaine général qui sera toûjours du Corps du Senat.
Un Chancelier.
Un Secretaire.

Un Tréforier.

Trois Colonels, qui feront auffi Gou-
verneurs, Préfidents de la Juftice
inférieure, Juges Civils & Crimi-
nels & de Police.

Ils auront chacun fix Capitaines
fous eux, qui feront Confeillers &
qui jugeront avec eux tout ce qui fera de leur Reffort.

Chacun de ces Capitaines aura fa
Compagnie dans laquelle il aura un
Lieutenant & un Enfeigne.

Il y aura un Major dans chaque
Regiment qui fervira auffi de Secretaire du Colonel & de fon Confeil.

Et les Sergens ferviront d'Huiffiers.

Un Capitaine des Gardes.

Deux Lieutenans & deux Sous-
Lieutenans.

Un Capitaine d'Artillerie & un
Lieutenant.

Un Ingénieur & un Sous-Ingénieur.

Un Grand Voyer & un Arpenteur
fous lui.

Un Intendant & trois Commiffaires.

Quelques Infpecteurs ou Directeurs

des

des terres du Domaine ou des Ouvrages qu'on fera faire.
Un Bibliothecaire.
Quelques gens pour enseigner la jeu-
nesse.

C'est à peu pres là les Emplois qui
sont nécessaires : il y en a quelques-
uns de remplis & d'autres vacans.

Pour ce qui est des bénéfices atta-
chez à chaque Emploi ; ils consiste-
ront d'abord dans une certaine étenduë de Domaine qui sera annexée à
la Charge, selon le rang qu'elle tiendra : & encores en certaine portion &
distribution de vivres, jusques à ce
que le païs en fournisse suffisamment:
& ensuite en quelques appointemens
proportionnez à la force du Trésor,
qui devra étre ménagé d'abord avec
grande prudence, jusques à ce que
Dieu y ayant mis sa bénédiction,
comme nous l'espérons & comme
nous l'en prions, l'on puisse user de
plus grandes libéralitez envers ceux
dont les soins seront utiles à la République.

Quant

Quant aux Pasteurs & Ministres du S. Evangile, comme on souhaitte qu'ils s'attachent uniquement & soigneusement à la fonction de leur Ministére, on tâchera de faire en sorte qu'ils n'en soient point détournez par les soins de faire valoir leurs terres & de procurer des Etablissemens à leurs familles, & pour cet effet on leur donnera dequoi subsister honnêtement & proportionnément au nombre de leurs enfans, & aprés leur mort, on aura aussi soin de leurs Familles & de leurs Veuves.

Tous ceux qui seront en Charge, de quelque nature qu'elle soit, seront obligez d'en faire la fonction sans prendre n'y recevoir rien des particuliers ; la justice même se rendra gratis.

On avoit eu dessein d'abord de donner ici un détail plus particulier de la forme du Gouvernement, de la succession & de la nomination aux Charges, des cas où il sera necessaire que le consentement du Peuple in-

ter-

tervienne, comme lors qu'on voudra introduire ou changer quelque Loy ; quand il s'agira de paix ou de guerre, ou de faire valoir la Monnoye plus ou moins ; ou qu'il surviendra une necessité de faire quelque Imposi-tion ; ou autre chose semblable s'il s'en rencontre. Mais cela auroit me-né dans une longueur excessive, & comme plusieurs personnes ont té-moigné desirer avec empressement ce petit Recueil tel qu'il est, on remet à éclaircir ces points-là, dans un autre Mémoire où l'on traitera particulié-rement des Loix qu'on se propose d'observer dans l'Isle d'Eden, qui se-ront les plus succintes & les plus clai-res qu'il sera possible : Cependant on a été bien-aise d'en dire icy un mot en passant, pour faire voir qu'on est dans le dessein de mettre des barrié-res à la Tyrannie, si le malheur vou-loit que le Gouvernement tombât, dans la suite, entre les mains de gens qui n'eussent pas d'aussi bonnes in-tentions que leurs Prédécesseurs.

Et

Et pour faire voir outre cela un é-
chantillon du deſſein que l'on a de
donner encore au Peuple une honnête liberté de ſe plaindre, lors qu'il
croira en avoir ſujet, & même de pro-
poſer les remédes qu'ils croiront utiles pour réformer les abus vrais ou
faux dans le Gouvernement, ou ſur
d'autres ſujets; l'on a crú devoir dire
ce que l'on ſe propoſe à cet égard,
C'eſt que tous les ſeconds jours de
l'année, aprés les priéres du Matin
& le Sermon qui ſera fait exprés ſur
ce ſujet, tout le Peuple aſſemblé dans
chaque Communauté défilera par
Régiment & par Compagnie, & en
paſſant chacun pourra jetter dans u-
ne boëtte, faite exprés pour cela, un
billet non ſigné & écrit de telle main
qu'on voudra, où il ſera permis à
chacun de dire ſon ſentiment ſur toutes choſes, ſans que pour cela il en
puiſſe être recherché, & chacun aiant
mis le ſien, les boëtes ſeront fermées
& ſeellées & portées puis aprés dans
le Senat pour y être examinées & y

avoir enfuite tels égards que la chofe le requerera.

Au refte nous ne nous flatons pas & nous n'ofons pas efpérer que ceci foit du goût de tout le monde, tous les hommes font fi differens d'humeurs & d'inclinations, qu'il feroit impoffible d'en attendre une approbation generale : nous fouhaitons néanmoins que les perfonnes judicieufes en jugent favorablement, & nous avons tâché autant qu'il nous a été poffible de ne rien propofer qui ne pût recevoir leur approbation : nous avons effayé de garder un jufte milieu entre l'Equité & la Charité: d'un côté, nous avons voulu aider ceux qui, étans dénuez de tout fecours, ont pourtant bonne volonté; & de l'autre, nous avons tâché de faire en forte que ceux, qui feront des avances ou qui auront fourni quelque fomme confidérable au trefor, puiffent les retrouver avec quelque avantage : nous voudrions avoir pû mieux faire, & fi dans la fuite,

nous

nous reconnoiſſons que nous ayons erré en quelque choſe, nous ne ferons pas difficulté de le réformèr ; ſur tout quand ce ſera du conſentement general, lors que nous ſerons tous aſ-ſemblez : néanmoins, pour préve-nir quelques Objections qu'on pour-roit faire, on a crû qu'il ne ſeroit pas hors de propos de faire les reflexions ſuivantes.

La premiére, que quoy qu'il ſem-ble à quelques-uns qu'on ne faſſe pas un grand avantage à ceux qui veu-lent venir s'établir dans cette Isle, en ce que l'on leur fait payer leur paſſa-ge, & leur nourriture & que s'ils veulent avoir des Terres, il faut, en quelque façon, les acheter par les Contributions qu'on eſt obligé de faire pour en avoir, ou par le travail qu'il faut faire pour les acquerir ; néanmoins, à bien conſidérer la cho-ſe, ce que l'on donne pour cela eſt peu au prix du profit qu'on en retire, car pour 50. l. on aura dix arpens de terre qui ſeront capables de nourrir

une

une Famille parce qu'on peut faire plusieurs recoltes dans une année, comme on le verra dans une Relation plus particuliére ; & outre cela, l'on doit sçavoir que chaque Communauté aura une portion de bois convenable tant pour le chauffage que pour bâtir & une certaine étenduë de prairie pour le pâturage des bestiaux, le tout sans qu'il en coûte rien aux particuliers. Il est vrai qu'en quelques endroits on a donné les terres pour rien ou pour peu de chose : mais on les a en même tems chargées de redevances qui font plus incommodes que si on avoit payé les fonds : ainsi l'on croit qu'il est bien plus avantageux de contribuer quelque chose d'abord, & être en suite francs à perpétuité de toutes cenfes & rentes, lots & ventes, rachats, dîmes, & autres droits de Fief, de Taille, de Gabelle, de Doüane & autres Impôts qui furchargent le Peuple & caufent une infinité de Procés, d'embarras & de chagrins qu'on évitera

par

par ce moyen : il eſt vray qu'il pourra auſſi quelquefois arriver des néceſſitez preſſantes où l'on ſera obligé de contribuer de ſon fonds, ou de ſa perſonne pour ſubvenir aux beſoins publics, comme cela arrive dans toutes les Sociétez du Monde, ou le bien général doit prévaloir ſur le particulier ; mais outre qu'on eſpére que cela arrivera rarement ; c'eſt que ce ſera toûjours du conſentement général, & d'une maniére qu'on s'en fera plûtôt un plaiſir qu'une peine.

La ſeconde Reflexion, c'eſt que la Contribution que l'on exige ne revient au profit de perſonne en particulier, car les deniers qui en proviennent ſont mis au Treſor public, pour être employez aux dépenſes du Voyage & de l'Etabliſſement, pour les Préparatifs de l'Embarquement ; pour les Munitions, & autres choſes néceſſaires pour la conſervation du bien commun : & afin qu'il ne ſe puiſſe rien détourner frauduleuſement, on tiendra un compte exact

C

des

des Reçûs & des Dépenses : & ce Compte pourra être vû & examiné de chacun.

La troîsiéme, c'est que personne n'est exempt de cette contribution, pas même le Chef ni aucun autre Officier, tous y sont obligez sans distinction, & le sort des grands & des petits est égal en cette occasion, ce qui marque qu'on n'impose point de fardeau, qu'on ne veuille bien porter soi-même.

Enfin le Tresor public devant fournir à tout & particuliérement à l'entretien des Ministres & des Officiers de Justice & à d'autres choses qui sont ordinairement à la Charge du Peuple, il est bien juste que chacun se cotise pour le remplir n'y en ayant point d'inépuisable, & celui-là moins qu'un autre, n'étant composé que du débrs de quelques Familles Réfugiées : L'on a donc crû qu'il n'y avoit point de voye plus douce & plus convenable pour cela que celle qu'on a prise : Toute fois si

quel-

quelqu'un veut en propofer de meilleures, on écoutera volontiers fes a-
vis.

❧❧❧❧❧❧ : ❧❧❧❧❧❧

ON s'étoit contenté jufques ici de
donner une defcription abrégée
de l'endroit où l'on a deffein de s'établir & l'on avoit même affecté de ne le
pas nommer, parce que ce lieu étant
connu pour un des endroits du monde
le plus agréable & le meilleur, on a-
voit jufte fujet d'appréhender d'en faire naître l'envie à quelqu'un qui auroit peut-être pû nous prévenir d'autant plus qu'il s'eft déja fait des pro-
jets à peu prés femblables au nôtre,
mais à préfent que nous fommes fur le
point de l'exécuter, & qu'il feroit
difficile à d'autres de le faire fans la
protection que nous avons, on ne fait
plus de difficulté de le faire connoître
tel qu'il eft, comme on le verra dans
la defcription fuivante.

C 2

DES-

DESCRIPTION PARTICULIERE
DE L'ISLE D'EDEN.

CEtte Isle a été connuë sous differens noms, elle a premiére-
ment été nommée Mascarenhas par
les Portugais, d'autres l'ont appel-
lé l'Isle d'Apolonie, & les François
du temps qu'ils étoient à Madagas-
car auprés de qui elle est située, la
nommoient quelquefois l'Isle Bour-
bon ou Mascareigne, corrompant
son premier nom; d'autres enfin l'ont
appellée l'Isle d'Eden, & c'est ce
dernier qu'on a retenu comme luy
convenant mieux, parce que sa bonté & sa beauté la peuvent faire passer
pour un Paradis terrestre, & c'est ainsi en effet qu'elle est qualifiée par
plusieurs Auteurs qui en ont parlé.

Elle a environ soixante lieuës de
tour, & est presque aussi large que
longue. Lon

L'on peut dire, sans hyperbole, qu'il n'y a point de Païs connu, ou l'air soit si sain que dans cette Isle, tous ceux qui y abordent malades, recouvrent en peu de temps une santé parfaite, & l'on a experimenté, de tout temps, que ceux qui y ont fait quelque sejour, quoy que dépourvûs de plusieurs commoditez & exposez au Serain, & au Soleil, s'y font toûjours bien portez : ce qu'on attribuë aux bonnes exalaisons qui sortent continuellement de la Terre, & des Plantes Aromatiques, qui y font en abondance & qui remplissent l'air que l'on y respire d'une odeur aussi salutaire qu'agréable.

Et quoi qu'elle soit située entre le 21 & le 22 degré de latitude, la chaleur y est néanmoins fort moderée, & les petits vents frais qui y régnent ordinairement, en rendent le Climat si temperé qu'il y a des fleurs toute l'année.

Elle est arrosée de quantité de Fontaines & de Riviéres, dans les-

 quel-

quelles il y a abondance de Poisson, & dont l'eau est admirablement bonne & saine, l'on tient même qu'il y en a de Purgative, il y a aussi quelques Lacs, & un entr'autres, dont il sort sept petites Riviéres qui arrosent une belle Campagne d'une grande étenduë.

Il n'y a dans les Eaux ni sur la Terre de cette Isle, aucun Animal ni aucuns Fruits venimeux ; & quoi qu'il y aye quelque petits Scorpions, ils ne font point du tout de mal, & l'on peut manger & boire, sans crainte, de tout ce qu'elle produit, rien n'y étant contraire à l'homme.

La Mer y est aussi fort poissonneuse, & l'on trouve sur ses bords, l'Ambre Gris, le Corail, & les plus beaux Coquillages du Monde, mais sur tout des Tortuës d'une grosseur si prodigieuse qu'il faut trois hommes pour les renverser, c'est ainsi qu'on les arrête quand elles viennent pondre sur le rivage, elles font d'un

fort

fort bon goût, & le plaſtron ſur tout
en eſt fort eſtimé, l'on trouve que
leur chair aproche de celle du Veau,
& que la graiſſe en eſt fort ſemblable
à la moëlle de Bœuf, une ſeule de
ces Tortuës ſuffiroit pour donner un
bon repas à une Compagnie d'Infan-
terie.

Les Tortuës de Terre ne ſont pas
tout à fait ſi groſſes que celles de
Mer, elles ont deux ou trois pieds
de long, un pied & demi de large,
& plus d'un, d'épaiſſeur, le Col
long & la Tête faite comme celles
d'Europe, elles ont auſſi quatre
pieds, & portent plus facilement un
homme ſur leur dos, que l'homme
ne les peut porter, leur Chair eſt
comme celle des Bœufs, & les Tri-
pes ont le même goût, le Foye eſt
fort gros, & c'eſt un manger trés-
delicat; à côté des flancs de ces Tortuës, il y a des pannes de graiſſe que
l'on fond en huile qui ne ſe fige jamais, & qui eſt auſſi bonne pour
toutes choſes que le meilleur beure,

 c'eſt

c'eſt auſſi un reméde trés - bon pour pluſieurs maux. Ces pannes rendent ordinairement deux pots d'huile & vingt perſonnes peuvent ſe raſſaſier d'une de ces Tortuës, elles pondent leurs œufs comme celles de Mer, & ils écloſent de même, il y en a une grande abondance dans cette Isle.

Elle eſt pleine de quantité de Bois tous agréables par la facilité qu'il y a de paſſer au travers & de s'y promener ſans rencontrer les Brouſſailles & les Epines qui ſont ordinairement dans les lieux Inhabitez, au lieu de quoi l'on trouve aſſez ſouvent des Fleurs & des Fruits, & de beaux endroits pleins de Pâturages; il y a parmi les Bois de l'Ebenne, des Cédres, du Bois rouge, & d'autre Bois rempli de Veines, qui ſont trés-beaux à travailler en Menuiſerie, il y en a auſſi de fort propre pour la charpante & pour faire des Planches, de maniére que l'on y peut facilement bâtir des Maiſons & même des Vaiſſeaux, quoi

que

que quelques-uns difent que le Bois
en eft trop pefant, pour ce qui eft
des Maifons on les peut auffi aifément couvrir que bâtir, car il y a des
Arbres qu'on appelle Eftagnier, qui
eft une efpéce de Palmier, dont les
feuïlles font fi grandes & fi larges
que deux hommes peuvent aifément
fe mettre deffous à l'abry de la pluye,
& avec un peu d'induftrie, l'on
pourroit, en couvrir fort propre-
ment les Maifons il y a plufieurs fortes de ces Palmiers dont quelques-
uns ont un fruit qu'on trouve affez
bon, il y a auffi des Arbres qui di-
ftillent le Benjovin qui eft une Refi-
ne affez précieufe & d'une trés-bon-
ne odeur ; & une efpéce de Figuier
Sauvage dont l'écorce peut fervir à
faire de la corde étant fort fouple &
liante, ce Bois a cela de particulier
que quand il eft fec, il s'allume étant
froté l'un contre l'autre.

Ces Bois n'empêchent pourtant
pas que le Païs ne foit fort aifé à dé-
fricher & à cultiver, les Montagnes

 mê-

mêmes y font habitables, hors une qui eſt vers le bout Meridional de l'Isle qui a brûlé autrefois, & autour de laquelle les Bois ſont preſque tous conſommez & le Païs aride.

Par tout ailleurs, la Terre y eſt généralement bonne, & tout ce qu'on y a planté & ſemé juſques ici, y eſt fort bien venu, & a produit a-bondamment ſans avoir pris beau-coup de peine à le cultiver; & l'on eſt convaincu, par Expérience, que la Vigne & le Bled y réüſliſſent bien auſſi : & comme il y a peu d'Hivers qui ſoient ſenſibles, l'on y peut faire pluſieurs recoltes : & il y a des grains que l'on peut ſemer & recueillir juſ-ques à deux ou trois fois dans une année, & particuliérement le Bled de Turquie ou gros Mil, & le Ris : l'Orge & l'Avoine y viennent auſſi fort bien, & l'on ne fait point de doute que tous les autres grains de l'Europe n'y viennent auſſi en abondance.

Il y a des Féves comme celles du Bréſil,

Bréfil, qui raportent fept ans fans replanter ; elles font auffi bonnes que les groffes Féves d'Europe, il y en a auffi de petites qu'on appelle des Antaques, dont la plante fe conferve auffi fept ans, il y en a encore de couleur blanche, jaune & rouge : les Haricots y viennent comme en Europe, il y en a d'une autre façon qui ont la coffe longue d'un pied, & dont les féves qui font dedans ont le même goût, leur coffe fe peut manger quand elle eft verte : il y en a encore d'une autre forte qu'on nomme ambricque, dans la coffe defquelles il y a des petits pois jaunes & verts qui font trés-bons.

Les racines blanches y viennent groffes comme la cuiffe, mais auffi demeurent-elles neuf mois dans la terre, il y en a d'une autre forte qu'on appelle des cambares, qui font groffes comme les deux poings, elles approchent fort du goût du pain, quand elles font cuites au four, ou fous la cendre ; mais l'on n'en peut

                     fai-

faire qu'une recolte par an; Le ſſonge, ou choux Caraïbe eſt une racine groſse comme les précédentes , & qu'on mange auſſi cuite au four, les patates y viennent de différentes groſſeurs, quelques-unes ſont comme des reforts , elles approchent du goût de la chataigne , mais elles ſont un peu plus ſucrées, l'on en peut faire pluſieurs recoltes par an , ſans les replanter, il y a encore d'autres petites racines nommées oumines qui ſont excellentes à la ſoupe & en fricaſſée; toutes ces racines ſe multiplient des morceaux que l'on a coupé & qui retombent en terre , ou par le moyen des rejettons , il y en a même, comme les patates, qui ſe plantent du bois & des feuilles qu'elles pouſsent hors de terre.

Il y croit des citroüilles faites comme des potirons , mais beaucoup meilleures , les melons d'eau y viennent auſſi fort bien , ſont bons & rafraichiſſans , ils ont l'écorce verte & la chair rouge comme du ſang; il y a auſ-

auſſi de véritables melons & des con-
combres comme en Europe, ceux
des Indes y viennent gros comme la
cuiſſe.

Tous les légumes y viennent fort
bien: il y en a pourtant quelques-uns
dont on n'a point fait encore d'expérience, comme des choux fleurs &
quelques autres; mais pour les na-
vets, les carottes, les choux pommez,
les choux verts, les choux cabus & les
choux de Milan, les bettes blanches,
les raves, les épinars, les laitües pom-
mées, les laitües Romaines, la chico-
rée blanche, douce & amére, l'ail,
l'oignon, & les eſchalottes, tout cela
y vient parfaitement bien, le pour-
pier y croit abondamment ſans ſemer. L'on peut manger de ces légumes preſque tous les mois de l'année
& il n'y a point de doute que tous les
autres n'y viennent auſſi fort bien,
quand on y en portera de la graine.

Le Gibier y eſt par tout en abondance & ſi peu effarouché que l'on
n'a preſque point de peine à le prendre,

dre ; il y a auffi dans les bois des beufs & des vaches, & tant de cochons & de cabris, qu'on en rencontre quelquefois des troupeaux de deux ou trois cens enfemble ; la chair de ces animaux eft trés-délicate & particuliérement celle des cochons.

Entre une infinité d'Oifeaux de differentes efpéces qui fe trouvent en cette Isle, les meilleurs font ceux que l'on appelle Solitaires, parce qu'ils font ordinairement feuls, ils font auffi gros qu'un Oye, & ont le plumage bleu, excepté les extrémitez des aîles & de la queuë qui font noires, & où il y a des plumes aprochantes de celles d'autruche ; ils ont le col long & le bec fait comme celui d'une becaffe, mais plus gros, & les jambes & les pieds comme un poulet d'Inde, ils fe prennent à la courfe ne pouvant prefque voler à caufe de leur graiffe, il y en a auffi d'autres qui font tous bleus, & qui ont le bec & les pieds rouges, ceux-ci ne vollent point du tout, mais ils courent fi

vîte

vîte que les chiens ont peine à les prendre à la course.

Il y a plusieurs sortes de pigeons sauvages, les uns ont le plumage couleur d'ardoize, & les autres d'un rouge roussatre, & sont un peu plus gros que les pigeons d'Europe, & ont les yeux bordez de couleur de feu comme les Faisans, ils sont si gras en certaine Saison qu'on ne leur void point le croupion, & toûjours trés-bons & en abondance, pour les Ramiers, ils sont faits comme ceux d'Europe aussi bien que les Tourterelles.

Les Perdrix y sont grises, & ne font pas plus grosses que des cailles, on les prend aussi quelque fois à la course.

Les Becasses, les Râles de bois, les Merles, & les Grives, sont comme en Europe.

Les Hupes ont un bouquet blanc sur la tête, & un chaperon noir, & le reste du plumage blanc & gris, le bec fort gros, & les pieds comme un Oiseau

feau de rapine, elles font un peu
moins groffes que les pigeons, mais
on prétend qu'elles font meilleures
principalement quand elles font
graffes.

Les Perroquets gris valent bien
auffi les pigeonneaux, mais on ne
mange guére des autres quoi qu'il y
en aye de toutes les efpéces & de toutes les couleurs.

On y trouve auffi des aigrettes
blanches & grifes.

Les Chauves-Souris y font d'une
groffeur extraordinaire, & d'une fi-
gure affez dégoûtante, quelques-uns
en mangent pourtant.

Il y a trois fortes d'Oifeaux de rapine qui font une grande deftru-
ction, même de Cochons & de Ca-
brits, dont ils emportent les petits,
quand ils les peuvent attraper, il y
en a même de fi familiers, qu'ils viennent jufques parmi les gens prendre
ce qu'ils rencontrent, les plus forts
font gros comme des Chapons, &
ne valent pas moins au pot, mais on
n'en

n'en mange point à cause de la grande quantité de Gibier qu'il y a d'ailleurs, car il y en a encore de bien des sortes qu'il seroit ennuyeux de raporter ici, toutefois il faut dire un mot des Oiseaux de Riviéres, qui ne sont pas à mépriser.

Les meilleurs sont ceux que quelques-uns appellent des Géans, parce qu'ils sont hauts comme des hommes à cause de l'extrême longueur de leurs Cols, & de leurs Jambes, ils ont le corps comme une Oye, le plumage blanc, & noir au bout des aîles, la chair en est rouge & fort délicate, il y a des Oyes & des Canards Sauvages, mais ils sont un peu plus petits qu'en Europe, du reste ils sont faits de même & aussi bons. Les poulles d'eau y sont aussi grosses que les poulles ordinaires, elles sont toutes noires, à l'exception d'une grosse crête blanche qu'elles ont sur la tête, il y a aussi des butors gros comme des chapons & assez bons à manger, ils ont le plumage gris taché de blanc à cha-

chaque plume, le col, le bec & les pieds comme un heron, & le reste comme un poulet d'Inde.

Tous les oyseaux de riviére aussi bien que les solitaires, les perdrix & les oyseaux bleus ne quittent point le plat pais, mais tous les autres vont nicher à la montagne en certaine saison, d'où ils reviennent extrémement gras & particuliérement les moineaux qui sont en grand nombre, ils sont faits comme ceux d'Europe, mais ils ont cela de particulier que quand les mâles sont en amour, ils ont la gorge, la tête & les aîles couleur de feu.

On n'a point encore essayé de planter dans cette Isle les arbres fruitiers qui viennent communément en Europe, mais on ne doute point qu'ils n'y réussissent fort bien, la terre jusques ici, n'ayant point encore en rien paru ingrate, & au contraire elle donne même libéralement ce qu'on n'a point planté, car plusieurs bons fruits y viennent naturellement,

com-

comme font les bananes, qu'on appelle autrement figues d'Adam, dont l'arbre qui les porte meurt tous les ans & se reproduit par ses rejettons, il porte des feuilles de près de deux aunes de long & d'un pied ou deux de large. Il commence à jetter son fruit par un gros bouton de fleur rouge au bout duquel est le fruit, il en vient ordinairement une centaine à la t g-, il a environ un demi pied de long & est presque aussi gros que le poignet de l'homme, il y vient encore d'autres figues qui sont plus petites, quoi que de même nature, mais elles sont meilleures & plus sucrées.

L'annanas que tout le monde connoît pour un des meilleurs fruits, est encore meilleur là qu'ailleurs, parce qu'il n'y fait point de mal, quoi qu'il en fasse quelquefois dans les autres païs.

L'acajou y vient sur un arbre fait comme un prunier, ce fruit est gros comme une pomme, ayant son noyau par dehors vers la queüe.

Il y a aussi des Citrons doux & aigres & des Oranges de tous ordres,
même d'une façon toute particuliére, elles sont fort petites mais meilleures que celles de la Chine & de
Portugal, il y a encore plusieurs autres fruits sauvages qui sont aussi pas-
sablement bons.

Le Tabac y croît aussi fort aisément, & est estimé par ceux qui le
connoissent, l'on trouve aussi dans
les bois de l'esquine & de l'aloës, &
les meilleurs capillaires du monde,
du miel en quantité, & de l'emery
sur le bord des Riviéres, le Sucre
l'Indigo & le coton y viennent aussi,
& bien d'autres choses qui peuvent
être profitables, & qui seroient trop
longues à décrire ; mais qui étant u-
tilement employées pourroient de-
venir considérables & rendroient
cette Isle la meilleure du monde.

Il est vrai que quelques - uns ont
regardé comme une grande incommodité une tempête qui y arrive
presque tous les ans ; & qui, parce
qu'el-

qu'elle y vient ordinairement dans un certain tems comme font les houragans de l'Amerique, a été par quelques-uns apellé du même nom, mais il s'en faut bien qu'il ne soit de la violence de ceux qu'on ressent en ce païs-là, puis qu'il n'empêche pas les arbres de porter des fruits & des fleurs toute l'année, comme on l'a déja remarqué, ce qui est fort different des effets que font les houragans de l'Amerique qui abattent non seulement les fruits, mais déracinent quelquefois les arbres : & si les Colonies qui sont en ce païs-là si considérables, & qui composent aujourd'huy non seulement des Villes, mais même de grandes Provinces, n'ont pas laissé de passer par dessus cette incommodité, & de trouver qu'elle n'est pas à balancer avec les avantages qu'on y rencontre, on peut bien croire que cela ne doit pas entrer ici pour une grande considération, sur tout si l'on remarque que la difference y est notable en toutes choses ;

chofes ; Quoi qu'il en foit, on eft bienheureux d'en être quitte pour vingt-quatre heures de mauvais tems contre lequel on peut prendre encore des précautions, fçachant à peu prés quand il doit arriver, & d'être feur du beau temps tout le refte de l'année : je ne fçai fi les tempêtes qui arrivent quelquefois en Europe font moins à craindre que celle-là, car on en a vû & même depuis peu, produire des effets auffi violens que ce qui arrive à l'Amerique, & ce qu'elles ont de pire c'eft qu'on n'eft point averti de leur venuë.

On met encore au rang des incommoditez le grànd nombre de moineaux qu'il y a, & qui ordinairement quittent les bois dans une certaine faifon de l'année pour venir habiter dans la plaine, où l'on prétend qu'ils détruiront une partie des grains qu'on y femera, & effectivement cela pourra arriver dans les commencemens, mais on ne doute point qu'on n'y apporte aifément du reméde, &

quand

quand il y aura beaucoup de monde, ces oyseaux deviendront bien plus sauvages & s'éclairciront par la chaîse qu'on leur fera.

Il y vient aussi quelquefois des chenilles dans un certain temps, & ceux qui ont éprouvé ailleurs les incommoditez de ces animaux, comme cela n'est pas rare, conviennent qu'il seroit à souhaitter qu'il n'y en eût point, aussi bien que de certaines mouches qui y sont six mois de l'année, & qui s'attachent à la viande morte & la corrompent aisément par les vers qu'elles font dessus, si l'on ne prend la précaution de les empêcher.

Si ces deux ou trois derniers articles font de la peine à quelques-uns, on doit considérer qu'il n'y a point de païs qui soit absolument exemt de ses incommoditez & qu'au contraire celui-ci l'est de plusieurs qui se rencontrent par tout ailleurs : comme font par exemple les bêtes & les fruits venimeux & les rats & les souris

ris qui ne se trouvent point dans cette Isle. Enfin toutes les commoditez & les agréments de la vie que l'on peut raisonnablement souhaiter, & qui se trouvent rarement tout ensemble en un même lieu, se rencontrent ici, & la santé que l'on posséde dans cette Isle, de l'aveu général de tous ceux qui la connoissent, est un article si considérable qu'il seroit capable de faire surmonter bien des difficultez s'il y en avoit, & d'y attirer des lieux même les plus éloignez ceux qui savent que la santé est un des plus grands biens de ce Monde, & sans lequel la vie quoi que d'ailleurs pleine de prospéritez seroit ennuyeuse.

F I N.

9 782013 423731